医药高等职业教育新形态教材

极韵中华太极拳

（供医药卫生大类专业用）

主　编　商　徽　王　玮

副主编　陈　华　王　键　江　沛　施　悦

编　者　（以姓氏笔画为序）

王　玮（江苏医药职业学院）

王　键（江苏医药职业学院）

东　明（江苏医药职业学院）

刘铭扬（江苏医药职业学院）

江　沛（江苏医药职业学院）

杨秋怡（江苏医药职业学院）

时爱林（江苏医药职业学院）

陆一晗（盐城市文峰初级中学）

陈　华（江苏医药职业学院）

陈春梅（江苏医药职业学院）

陈继辉（江苏医药职业学院）

胡明星（江苏医药职业学院）

施　悦（江苏医药职业学院）

盛小刚（江苏医药职业学院）

崔竞妍（江苏医药职业学院）

商　徽（江苏医药职业学院）

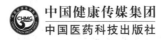

中国健康传媒集团

中国医药科技出版社

内 容 提 要

　　本教材是"医药高等职业教育新形态教材"之一，系根据高等职业教育相关专业教学标准的要求，以高等职业院校人才培养目标为依据编写而成。本教材内容包括太极拳起源与发展以及二十四式太极拳的套路。

　　本教材可供全国高等职业院校医药卫生大类专业师生教学使用，也可作为相关从业人员的参考用书。

图书在版编目（CIP）数据

极韵中华太极拳/商徽，王玮主编.—北京：中国医药科技出版社，2023.12

医药高等职业教育新形态教材

ISBN 978−7−5214−4299−1

Ⅰ.①极… Ⅱ.①商…②王… Ⅲ.①太极拳–高等职业教育–教材 Ⅳ.①G852.11

中国国家版本馆CIP数据核字（2023）第220328号

美术编辑　陈君杞

版式设计　友全图文

出版　**中国健康传媒集团**｜中国医药科技出版社

地址　北京市海淀区文慧园北路甲22号

邮编　100082

电话　发行：010−62227427　邮购：010−62236938

网址　www.cmstp.com

规格　787 × 1092mm $\frac{1}{16}$

印张　7 $\frac{3}{4}$

字数　137千字

版次　2023年12月第1版

印次　2023年12月第1次印刷

印刷　北京印刷集团有限责任公司

经销　全国各地新华书店

书号　ISBN 978−7−5214−4299−1

定价　**39.00元**

获取新书信息、投稿、
为图书纠错，请扫码
联系我们。

医药高等职业教育新形态教材
建设指导委员会

医药高等职业教育新形态教材

评审委员会

前　言

　　太极拳是一项刚柔、平稳、流畅的运动，需要身体各部位协同参与，在我国有悠久的历史渊源和清晰的师统承传，长期练习太极拳能够提高人体的力量、耐力和柔韧性等身体素质。

　　太极拳也是一种预防疾病的非医疗手段，江苏医药职业学院依托各医学专业对课程融合做出了一系列成果，特别是在"体医结合"方面认识很深，对体育科学和医学的学科交叉进行了一系列的教学改革，更加突显了"健康中国"理念在高校教育中的实际意义。

　　本教材是"医药高等职业教育新形态教材"之一，为公共基础课程教材，其配套教学资源为智慧职教云MOOC学院"极韵中华太极拳"。本教材以图示形式介绍了二十四式太极拳套路，要求学生能够熟练地、连续地、平稳地展示，力求提高学生身体的柔韧性、耐力、协调性等素质，同时让体育锻炼始终贯穿学生生活始终，培养学生"终生体育"的思想意识。本课程还特创呼吸操辅助练习太极拳，使太极拳更富韵味，方便老师使用对应的游戏法来解决重难点，使原本枯燥的教学环节变得更有趣味。

　　通过学习本教材，力求培养学生优秀的品质，将体育和德育始终互联，并将课程思政贯穿整个体育过程，培养学生良好的道德行为和合作精神、处理竞争与合作关系的能力、知难而进的体育精神、勇敢顽强的拼搏意志。

　　本教材可供全国高等职业院校医药卫生大类专业师生教学使用，也可作为相关从业人员的参考用书。

　　书中难免存在疏漏之处，恳请广大读者提出宝贵意见，以便修订时完善。

编　者

2023年9月

目 录

太极拳是世界级非物质文化遗产，是以中国传统儒、道哲学中的太极、阴阳辩证理念为核心思想；集颐养性情、强身健体、技击对抗等多种功能为一体；结合阴阳五行之变化，中医经络学，古代的导引术和吐纳术形成的一种内外兼修、柔和、缓慢、轻灵、刚柔相济的汉族传统拳术。太极拳发源于中国河南省焦作市温县陈家沟，是极富中国传统民族特色元素的文化形态。17世纪中叶，温县陈家沟陈王廷在家传拳法的基础上，吸收众家武术之长，融合易学、中医等思想，创编出一套具有阴阳开合、刚柔相济、内外兼修的新拳法，命名为太极拳。太极拳在陈家沟世代传承，自第14世陈长兴起开始向外传播，后逐渐衍生出杨式、武式、吴式、孙式、和式等多家流派。

1949年后，太极拳被中华人民共和国体育运动委员会统一改编，作为强身健体之体操运动、表演、体育比赛用途。改革开放后，部分还原本来面貌，从而再分为比武用的太极拳、体操运动用的太极操和太极推手。传统太极拳门派众多，各派既有传承关系，相互借鉴，也各有自己的特点，呈百花齐放之态。

作为一种饱含东方包容理念的运动形式，太极拳习练者针对意、气、形、神的锻炼，非常符合人体生理和心理的要求，对人类个体身心健康以及人类群体的和谐共处，有着极为重要的促进作用。趋于圆融一体的至高境界，太极拳对于武德修养的要求也使得习练者在增强体质的同时提高了自身素养，提升了人与自然、人与社会的融洽与和谐。同时，太极拳也不排斥对身体素质的训练，讲究刚柔并济，而非只柔无刚的表演、健身操。太极拳的拳术风格含蓄内敛、连绵不断、以柔克刚、急缓相间、行云流水。

太极拳已成为东方文化的一种符号象征，成为促进东方文化与西方文化交流的重要桥梁和纽带。继承和保护太极拳，对于弘扬中国传统文化、提高人类生活质量、弘扬民族传统美德、增强社会凝聚力、构建和谐社会等都具有十分重要的意义。

第一章 起势、左右野马分鬃、白鹤亮翅

第一式 起 式

1.立身中正，两脚并拢，两腿自然伸直，胸腹放松；两臂下垂，手指微屈，两手垂于大腿外侧；头颈正直，口闭齿扣，精神集中，表情自然，目视前方（图1–1）。

图 1–1 起式（1）

2.左脚向左分开半步，双脚与肩同宽，双脚平行向前，成开立步（图1–2）。

图 1–2 起式（2）

3.两臂慢慢向上棚举，与肩同高、同宽，双臂自然伸开，肘关节向下微屈，掌心向下，指尖向前（图1-3，图1-4）。

图1-3 起式（3）

图1-4 起式（4）

4.双膝微屈半蹲,重心落于两腿间,成马步;轻轻按掌至腹前,上体舒展正直;目视前方(图1-5,图1-6)。

图1-5 起式(5)

图1-6 起式(6)

第二式 左右野马分鬃

1.上体稍右转，右臂屈抱于右胸前，掌心向下；左臂屈抱于腹前，掌心向上，两掌上下相对，在右肋前成"抱球"姿势。左脚收至右脚内侧，脚尖点地（图1-7，图1-8）。

图1-7 左右野马分鬃（1）

图1-8 左右野马分鬃（2）

2.上体左转，左脚向左前方迈出一步，脚跟轻轻着地，重心仍在右腿上（图1-9）。

图1-9　左右野马分鬃（3）

3.上体继续左转，重心前移。左脚踏实，左腿弓；右腿蹬，成左弓步。两掌前后分开，左掌分至体前，高不过眼，掌心斜向上；右掌按至右胯旁，掌心向下，指尖朝前；两臂微屈（图1-10，图1-11）。

图1-10　左右野马分鬃（4）

图 1-11　左右野马分鬃（5）

　　4.回坐，重心后移，左脚脚尖翘起外撇，上体稍左转，两掌准备翻转"抱球"（图 1-12，图 1-13）。

图 1-12　左右野马分鬃（6）

图 1-13　左右野马分鬃（7）

　　5.上体继续左转，左掌翻转成掌心向下，右掌翻转掌心向上，在胸前屈抱；掌心上相对，如在左肋前"抱球"。重心移至左腿，左脚踏实；右脚收至左脚内侧，脚尖点地（图1-14）。

图 1-14　左右野马分鬃（8）

6.上体稍右转，右脚向右前方迈出一步，脚跟轻轻着地（图1–15）。

图1–15　左右野马分鬃（9）

7.上体继续右转，重心前移。右脚踏实，右腿屈膝前弓；左腿自然蹬直，左脚脚跟外展，成右弓步。两掌前后分开，右掌分至体前，高不过眼，掌心斜向上；左掌按至左胯旁，掌心向下，指尖向前；两臂微屈（图1–16，图1–17）。

图1–16　左右野马分鬃（10）

图1-17 左右野马分鬃（11）

8.重心稍向后移，右脚脚尖翘起外撇，上体稍右转，两掌准备翻转"抱球"（图1-18，图1-19）。

图1-18 左右野马分鬃（12）

图 1-19 左右野马分鬃（13）

9.上体稍右转，右臂屈抱于右胸前，手高不过肩，肘略低于手，掌心向下；左臂屈抱于腹前，掌心向上，掌心相对，如在右肋前"抱球"。左脚收至右脚内侧，脚尖点地（图1-20，图1-21）。

图 1-20 左右野马分鬃（14）

图 1-21　左右野马分鬃（15）

10.上体左转，左脚向左前方迈出一步，脚跟轻轻着地，重心仍在右腿上（图1-22）。

图 1-22　左右野马分鬃（16）

11.上体继续左转，重心前移。左脚踏实，左腿屈膝前弓；右腿自然蹬直，右脚脚跟外展，成左弓步。两掌前后分开，左掌分至体前，高不过眼，掌心斜向上；右掌按至右胯旁，掌心向下，指尖向前；两臂微屈（图1-23，图1-24）。

图 1-23　左右野马分鬃（17）

图 1-24　左右野马分鬃（18）

第三式　白鹤亮翅

1.上体微左转，重心移至左腿；右脚抬起，向前跟半步，落于左脚右后侧，前脚脚掌着地。左掌内旋收于胸前，掌心向下，指尖向右；右掌外旋向左画弧至腹前，掌心向上，指尖斜向左侧；两掌掌心相对（图1–25，图1–26）。

图1–25　白鹤亮翅（1）

图1–26　白鹤亮翅（2）

2.重心右移，上体右转，左手自然搭至右手臂内侧，右臂上举（图1-27）。

图1-27　白鹤亮翅（3）

3.身体左转，左手从大腿内侧搂膝向左腿外侧画弧，左脚抬起（图1-28）。

图1-28　白鹤亮翅（4）

4.左脚尖落地。两掌右上左下画弧分开，右掌提至右额前，掌心向内；左掌按于左胯旁，掌心向下；两臂保持弧形；目视前方（图1-29，图1-30）。

图 1-29　白鹤亮翅（5）

图 1-30　白鹤亮翅（6）

第二章　左右搂膝拗步、手挥琵琶

第四式　左右搂膝拗步

1.上体微左转，右掌随之向左画弧，自头前下落（图2-1，图2-2）。

图2-1　左右搂膝拗步（1）

图2-2　左右搂膝拗步（2）

2.上体右转，左脚收至右脚内侧。右掌再向上画弧至右后方；左掌再向下画弧至右肋旁（图2-3，图2-4）。

图2-3　左右搂膝拗步（3）

图2-4　左右搂膝拗步（4）

3.上体左转，左脚向前上步，脚跟轻轻落地。右臂屈肘，右掌收至耳旁，掌心斜向前；左掌向下画弧至腹前（图2-5，图2-6）。

图 2-5 左右搂膝拗步（5）

图 2-6 左右搂膝拗步（6）

4.重心前移，成左弓步。右掌立掌向前推出，指尖高与鼻平；左掌由左膝前搂过，按于左胯旁（图2-7，图2-8）。

图 2-7 左右搂膝拗步（7）

图2-8　左右搂膝拗步（8）

5.重心稍后移，左脚脚尖外撇，上体左转（图2-9）。

图2-9　左右搂膝拗步（9）

6.重心前移，右掌随之向左画弧，摆至身体左前方；左掌向左、向上画弧，摆至左肋旁。右脚收至左（图2-10，图2-11）。

图2-10　左右搂膝拗步（10）

图 2-11　左右搂膝拗步（11）

7.左掌向上举，高与头平时屈臂，收至耳旁，掌心斜向前。上体右转，右脚向前上步，脚跟轻轻落地。右掌向右、向下画弧至腹前（图2-12，图2-13）。

图 2-12　左右搂膝拗步（12）

图 2-13　左右搂膝拗步（13）

8.重心前移，成右弓步。左掌立掌向前推出，指尖高与鼻平；右掌由右膝前搂过，按于右胯旁（图2-14）。

图2-14　左右搂膝拗步（14）

9.重心稍后移，右脚脚尖外撇，上体右转，左掌随之向右画弧（图2-15，图2-16）。

图2-15　左右搂膝拗步（15）

图 2-16　左右搂膝拗步（16）

10.重心前移，上体右转。左掌经胸前向上、向右、向下画弧至右肋旁；右掌外旋向上托举，高与头平时屈臂，收至右耳旁，掌心斜向前。左脚收至右脚内侧（图 2-17，图 2-18）。

图 2-17　左右搂膝拗步（17）

图 2-18　左右搂膝拗步（18）

11.上体左转，左脚向前上步，脚跟轻轻落地；左掌向下画弧至腹前（图2-19）。

图 2-19　左右搂膝拗步（19）

12.重心前移，成左弓步。右掌立掌向前推出，指尖高与鼻平；左掌经腹前由右向左经左膝前搂过，按于左胯旁（图2-20）。

图 2-20　左右搂膝拗步（20）

第五式　手挥琵琶

1.右脚向前收拢半步，前脚脚掌轻落于左脚后，与左脚相距约一脚长；随即上体右转，重心后移，右脚踏实，左脚脚跟提起。左臂稍向前伸展，腕关节放松（图 2-21 至图 2-23 ）。

图 2-21　手挥琵琶（1）

图 2-22　手挥琵琶（2）

图 2-23　手挥琵琶（3）

2.左脚提起。左掌向左、向上画弧摆至体前，手臂自然伸直，掌心斜向下；右掌屈臂后引，收至胸前，掌心斜向下（图 2-24，图 2-25）。

图 2-24　手挥琵琶（4）

图 2-25　手挥琵琶（5）

　　3.上体稍向左回转，左脚稍向前移落步，脚跟着地，成左虚步。两臂外旋，左前右后屈肘合抱于体前，左掌与鼻尖相对，掌心向右；右掌与左肘相对，掌心向左；两臂如"抱琵琶"（图2-26至图2-28）。

图 2-26　手挥琵琶（6）

图 2-27　手挥琵琶（7）

图 2-28　手挥琵琶（8）

第三章　左右倒卷肱、左揽雀尾、右揽雀尾

第六式　左右倒卷肱

1.上体稍右转，两掌掌心翻转向上。右掌随转体向下经腰侧向后上方画弧，右臂微屈，掌与头同高；左掌翻转停于体前。头随身体转动（图3-1-图3-2）。

图 3-1　左右倒卷肱（1）

图 3-2　左右倒卷肱（2）

2.上体稍左转，左脚提收，向后退一步，前脚脚掌轻轻落地。右臂屈卷，右掌收至肩上耳侧，掌心斜向下方；左掌开始后收（图3-3至图3-6）。

图3-3　左右倒卷肱（3）

图3-4　左右倒卷肱（4）

图3-5　左右倒卷肱（5）

图 3-6　左右倒卷肱（6）

3.上体继续左转，重心后移，左脚踏实；右脚脚跟离地，右膝微屈，成右虚步。右掌推至体前，腕与肩同高，掌心向前；左掌向后、向下画弧，收至左腰侧，掌心向上（图3-7，图3-8）。

图 3-7　左右倒卷肱（7）

图 3-8　左右倒卷肱（8）

4.上体稍左转，左掌向左后上方画弧，与头同高，掌心向上；左臂微屈，右掌翻转停于体前。头随身体转动，目视左手。上体稍右转，右脚提收，向后退一步，前脚脚掌轻轻落地。左臂屈卷，左掌收至耳侧，掌心斜向前下方；右掌开始后收（图3-9至图3-12）。

图3-9 左右倒卷肱（9）

图3-10 左右倒卷肱（10）

图 3-11　左右倒卷肱（11）

图 3-12　左右倒卷肱（12）

　　5.上体继续右转，重心后移，右脚踏实；左脚脚跟离地，左膝微屈，成左虚步。左掌推至体前，腕与肩同高，掌心向前；右掌向后、向下画弧，收至右腰侧（图3-13，图3-14）。

图 3-13　左右倒卷肱（13）

图 3-14　左右倒卷肱（14）

6.倒卷肱动作左右共做四次，退四步，前两次和后两次相同。

第七式　左揽雀尾

1.上体微右转，右掌由腰侧向右上方画弧，右臂微屈，掌与肩同高，掌心斜向下；左掌在体前向下、向里画弧，掌心向上。头随身体转动（图3-15，图3-16）。

图 3-15　左揽雀尾（1）

图 3-16　左揽雀尾（2）

2.右手屈臂抱于胸前，掌心翻转向下；左掌画弧下落，屈抱于腹前，掌心转向上；两手上下相对呈"抱球"状。左脚收至右脚内侧，脚尖点地（图 3-17，图 3-18）。

图 3-17　左揽雀尾（3）

图 3-18　左揽雀尾（4）

3.上体微左转，左脚向左前方迈出一步，脚跟轻轻落地（图3-19）。

图 3-19　左揽雀尾（5）

4.上体继续左转，重心前移，左脚踏实，左腿屈膝前弓；右腿自然蹬直，成左弓步。两掌前后分开，左臂半屈向体前棚，腕与肩同高，掌心向内；右掌向下画弧按于右胯旁，掌心向下，指尖向前（图3-20，图3-21）。

图 3-20　左揽雀尾（6）

图 3-21　左揽雀尾（7）

5.上体稍左转，左掌向左前方伸出；右臂外旋，右掌经腹前向上、向前伸至左前臂内侧；两掌相对（图3-22，图3-23）。

图 3-22　左揽雀尾（8）

图 3-23 左揽雀尾（9）

6.上体右转，两掌向下经腹前向右后方画弧后捋，右掌举于身体侧后方，与头同高，掌心向内；左臂平屈于胸前，掌心向内。重心后移，身体后坐，右腿屈膝，左腿自然伸直（图3-24，图3-25）。

图 3-24 左揽雀尾（10）

图 3-25 左揽雀尾（11）

7.上体左转，正对前方。右臂屈肘，右掌收至胸前，搭于左腕内侧，掌心向前；左前臂仍屈收于胸前，掌心向内，指尖向右（图3-26）。

图3-26　左揽雀尾（12）

8.重心前移，右腿自然蹬直，成左弓步。右掌掌心推送左前臂向体前挤出，与肩同高，两臂撑圆（图3-27，图3-28）。

图3-27　左揽雀尾（13）

图 3-28　左揽雀尾（14）

9.左掌翻转向下；右掌经左腕上方向前伸出，掌心也转向下。随即两掌左右分开，与肩同宽（图3-29，图3-30）。

图 3-29　左揽雀尾（15）

图 3-30　左揽雀尾（16）

10.重心后移，上体后坐，右腿屈膝；左腿自然伸直，左脚脚尖翘起。两臂屈收，两掌后引，经胸前收到腹前，掌心斜向下（图 3-31，图 3-32）。

图 3-31　左揽雀尾（17）

图 3-32　左揽雀尾（18）

11.重心前移，左脚踏实，右腿自然蹬直，成左弓步。两掌沿弧线推按至体前，两腕与肩同宽、同高，两掌掌心向前，指尖向上（图3-33，图3-34）。

图3-33　左揽雀尾（19）

图3-34　左揽雀尾（20）

第八式　右揽雀尾

1.重心后移，上体右转，左脚脚尖内扣。右手经头前画弧右摆，掌心向外，两掌平举于转身体两侧。头及目光随右手移转（图3-35，图3-36）。

2.左腿屈膝，重心左移，右脚收至左脚内侧，脚尖点地。左掌屈抱于左胸前掌心向下；右掌屈抱于腹前，掌心向上；两掌上下相对，在左肋前"抱球"（图3-37，图3-38）。

图 3-35　右揽雀尾（1）

图 3-36　右揽雀尾（2）

图 3-37　右揽雀尾（3）

图 3-38　右揽雀尾（4）

3.上体微右转，右脚向右前方迈出一步，脚跟轻轻落地（图3-39）。

图 3-39　右揽雀尾（5）

4.上体继续右转，重心前移，右脚踏实，右腿屈膝前弓；左腿自然蹬直，成右弓步。两掌前后分开，右臂半屈向体前拥，腕与肩同高，掌心向内；左掌向下画弧按于左胯旁，掌心向下，指尖向前（图3-40，图3-41）。

5.上体稍右转；右掌向右前方伸出，掌心转向下；左臂外旋，左掌经腹前向上、向前伸至右前臂内侧（图3-42，图3-43）。

图3-40　右揽雀尾（6）

图3-41　右揽雀尾（7）

图3-42　右揽雀尾（8）

图 3-43　右揽雀尾（9）

6.上体左转，两掌向下经腹前向左后方画弧后捋；左掌举于身体侧后方，与头同高，掌心向内；右臂平屈于胸前，掌心向内。重心后移，身体后坐，左腿屈膝，右腿自然伸直（图 3-44 至图 3-46）。

图 3-44　右揽雀尾（10）

图 3-45　右揽雀尾（11）

图 3-46　右揽雀尾（12）

7.上体右转，正对前方。左臂屈肘，左掌收至胸前，搭于右腕内侧，掌心向前；右前臂仍屈收于胸前，掌心向内，指尖向左（图3-47）。

图3-47　右揽雀尾（13）

8.重心前移，左腿自然蹬直，成右弓步。左掌推送右前臂向体前挤出，与肩同高，两臂撑圆（图3-48，图3-49）。

图3-48　右揽雀尾（14）

图 3-49　右揽雀尾（15）

9.左掌翻转向下，右手经左腕上方向前伸出，掌心也转向下。随即两掌左右分开，与肩同宽（图3-50，图3-51）。

图 3-50　右揽雀尾（16）

图 3-51　右揽雀尾（17）

10.两臂屈收，两掌后引，经胸前下按收至腹前，掌心斜向下（图3-52）。

图 3-52　右揽雀尾（18）

11.重心前移，右脚踏实，右腿屈弓；左腿自然蹬直，成右弓步。两掌沿弧线推至体前，两腕与肩同宽、同高，两掌掌心向前，指尖向上（图3-53，图3-54）。

图 3-53　右揽雀尾（19）

图 3-54　右揽雀尾（20）

第四章　单鞭、左右云手、单鞭

第九式　单　鞭

1.重心左移，上体左转，右脚脚尖内扣（图4-1，图4-2）。

图4-1　单鞭（1）

图4-2　单鞭（2）

2.两臂交叉运转，左掌经面前向左画弧至身体左侧，掌心由内向下；右掌经腹前向左画弧至左肋前，掌心转向上（图4-3，图4-4）。

图 4-3　单鞭（3）

图 4-4　单鞭（4）

3.上体右转，重心右移，右腿屈膝。右掌向上、向右画弧，掌心向内；左掌翻转向下，向腹前画弧（图4-5，图4-6）。

图 4-5　单鞭（5）

图 4-6　单鞭（6）

4.重心右移，左脚收至右脚内侧。右掌经面前至身体右前方变成勾手，勾尖向下，腕高与肩平；左掌向下、向右画弧，经腹前至右肩前，掌心转向内（图4-7，图4-8）。

图 4-7　单鞭（7）

图 4-8　单鞭（8）

5.上体稍左转，左脚向左前方迈出一步，脚跟落地。左掌经面前向左画弧，掌心向内（图4-9，图4-10）。

图4-9　单鞭（9）

图4-10　单鞭（10）

6.上体继续左转，重心前移，左脚踏实，左腿屈弓；右腿自然蹬直，脚跟外展，成左弓步。左掌经面前翻转向前推出，腕与肩同高；左肘与左膝上下相对（图4-11，图4-12）。

图4-11　单鞭（11）

图4-12　单鞭（12）

第十式　左右云手

1.重心右移，上体右转。左脚脚跟随之碾动（图4-13，图4-14）。

图4-13　左右云手（1）

图4-14　左右云手（2）

2.右勾手横摆至身体右侧，腕与肩平；左掌自左向下，经腹前向右画弧（图4-15，图4-16）。

图 4-15 左右云手（3）

图 4-16 左右云手（4）

3.重心左移，上体左转。左掌掌心向内，自右向上、向左，经面前画弧云转，指尖齐眉；右勾手松开变掌，向下经腹前向左画弧云转（图4-17至图4-19）。

图 4-17　左右云手（5）

图 4-18　左右云手（6）

图 4-19　左右云手（7）

　　4.上体继续左转。右脚收于左脚内侧落地，两脚平行向前，相距10～20厘米。两掌云至身体左侧逐渐翻转，左掌掌心转向外；右掌经左肘内侧云至左肩前（图4-20，图4-21）。

图 4-20　左右云手（8）

图 4-21　左右云手（9）

5.重心右移，上体继续右转。左脚抬起，向左侧开步，脚尖向前（图4-22，图4-23）。

图 4-22　左右云手（10）

图 4-23　左右云手（11）

6.右掌自左经面前向右画弧云转，指尖齐眉；左掌向下、向右画弧云转至腹前（图4-24）。

图 4-24　左右云手（12）

7.重心左移。两掌逐渐翻转，左掌经腹前向右画弧云转至右肩前；右掌旋臂转掌云至身体右侧（图4-25）。

图 4-25　左右云手（13）

8.上体左转。左掌经面前向左画弧云转；右掌向下经腹前画弧向左云转（图4-26）。

图4-26 左右云手（14）

9.上体继续左转。右脚收于左脚内侧落地，两脚平行向前，相距10～20厘米。两掌云至身体左侧逐渐翻转，左掌掌心转向外；右掌经左肘内侧云至左肩前（图4-27，图4-28）。

图4-27 左右云手（15）

图4-28 左右云手（16）

10.重心右移。左脚抬起，上体继续右转，左脚向左侧开步。右掌自左经面前向右画弧云转，指尖齐眉；左掌向下经腹前向右画弧云转（图4-29，图4-30）。

图4-29　左右云手（17）

图4-30　左右云手（18）

11.重心左移。两掌逐渐翻转，左掌经腹前向右画弧云转至右肩前；右掌旋臂转掌云至身体右侧（图4-31，图4-32）。

图4-31　左右云手（19）

图 4-32　左右云手（20）

12.上体左转。左掌经面前向左画弧云转；右掌向下经腹前画弧向左云转（图 4-33）。

图 4-33　左右云手（21）

13.上体继续左转。右脚收于左脚内侧落地，两脚平行向前，相距10～20厘米。两掌云至身体左侧逐渐翻转，左掌掌心转向外；右掌经左肘内侧云至左肩前（图 4-34，图 4-35）。

图 4-34　左右云手（22）

图 4-35　左右云手（23）

第十一式　单　鞭

1.上体右转，右掌经面前向右画弧至胸前，左掌向下经腹前向右、向上画弧（图4-36，图4-37）。

图 4-36　单鞭（1）

图 4-37　单鞭（2）

2.重心移向右腿，左脚自然回收，脚跟提起，右掌翻转变勾手，左掌掌心转向内（图4-38，图4-39）。

图 4-38　单鞭（3）

图 4-39　单鞭（4）

3.上体稍左转，左脚向左前方上步，脚跟落地。左掌经面前向左画弧，掌心向内（图4-40，图4-41）。

图 4-40　单鞭（5）

图 4-41　单鞭（6）

　　4.上体继续左转，重心前移。左脚踏实，左腿屈弓；右腿自然蹬直，脚跟外展，成斜向左前方的左弓步（图4-42，图4-43）。

图 4-42　单鞭（7）

图 4-43　单鞭（8）

5.左掌翻转向前推出，腕与肩同高；左肘与左膝上下相对（图4-44）。

图4-44　单鞭（9）

第五章　高探马、右蹬脚、双峰贯耳

第十二式　高探马

1.后脚向前收拢半步；右勾手变掌屈肘，两手翻转向上（图5-1至图5-3）。

图5-1　高探马（1）

图5-2　高探马（2）

图 5-3　高探马（3）

2.虚步推掌：上体稍右转，重心后移，左脚稍向前移成左虚步；上体左转，右手经头侧向前推出；左臂屈收至腹前，掌心向上（图 5-4 至图 5-6）。

图 5-4　高探马（4）

图 5-5　高探马（5）

图 5-6　高探马（6）

第十三式　右蹬脚

1.穿手上步：右脚提收，左掌经右掌背向右前方穿出，两手交错，掌背相叠（图 5-7 至图 5-9）。

2.分手弓步：重心前移成左弓步；上体稍右转，两手向两侧画弧分开，掌心皆向外；眼视右手（图 5-10，图 5-11）。

图 5-7　右蹬脚（1）

图 5-8　右蹬脚（2）

图 5-9　右蹬脚（3）

图 5-10　右蹬脚（4）

图 5-11　右蹬脚（5）

3.抱手收脚：右脚成丁步；两手向腹前画弧相交合抱，举至胸前，右手在外，两掌心皆转向内（图5-12至图5-15）。

图 5-12　右蹬脚（6）

图 5-13　右蹬脚（7）

图 5-14　右蹬脚（8）

图 5-15　右蹬脚（9）

4.分手蹬脚：两手手心向外撑开，两臂展于身体两侧，肘关节微屈，腕与肩平；左腿支撑，右腿屈膝上提，右脚跟慢慢向前上方蹬出，目视右手（图5-16）。

图 5-16　右蹬脚（10）

第十四式　双峰贯耳

1.屈膝并手，右小腿屈膝回收，左手经体前画弧，与右手并行落于右膝上方，掌心皆翻转向上（图5-17）。

图5-17　双峰贯耳（1）

2.弓步贯掌，右脚下落，向右前方上步，脚跟着地成右弓步；两手由掌变拳经两腰侧向上、向前画弧摆至头前，两臂半屈，两拳相对（图5-18至图5-22）。

图5-18　双峰贯耳（2）

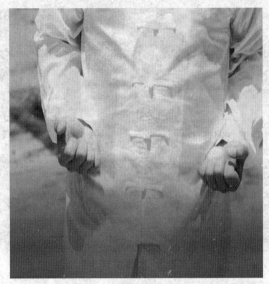

图 5-19　双峰贯耳（3）

图 5-20　双峰贯耳（4）

图 5-21　双峰贯耳（5）

图 5-22　双峰贯耳（6）

第六章　转身左蹬脚、左下势独立、
右下势独立、左右穿梭

第十五式　转身左蹬脚

1.转体分手，重心左移，左腿屈坐，上体左转，右脚尖内扣；两拳松开，左手向左画弧，两手平举于身体两侧，掌心向外；目视左手（图6-1，图6-2）。

图6-1　转身左蹬脚（1）

图6-2　转身左蹬脚（2）

2.抱手收脚，重心右移，右腿屈膝后坐，左脚收至右脚内侧成丁步；两掌向下划弧于腹前交叉合抱，举至胸前，左手在外，两手心皆向内（图6-3至图6-6）。

图6-3　转身左蹬脚（3）

图6-4　转身左蹬脚（4）

图6-5　转身左蹬脚（5）

图 6-6 转身左蹬脚（6）

3.蹬脚，右腿支撑左腿屈膝上提，左脚尖上勾向左前方慢慢蹬出，两臂微屈，分于身体两侧（图6-7，图6-8）。

图 6-7 转身左蹬脚（7）

图 6-8 转身左蹬脚（8）

第十六式 左下势独立

1.收脚勾手，左腿屈收于右小腿内侧；上体右转，右手变勾手，左手经体前画弧摆至右肩前，掌心向右；目视勾手（图6-9，图6-10）。

图6-9 左下势独立（1）

图6-10 左下势独立（2）

2.仆步穿掌，上体左转，右腿屈膝，左腿向右前方伸出成左仆步；左手经右肋沿左腿内侧向左穿出，掌心向前，指尖向左；目视左手（图6-11至图6-14）。

图 6-11 左下势独立（3）

图 6-12 左下势独立（4）

图 6-13 左下势独立（5）

图 6-14　左下势独立（6）

3.弓步起身，重心移向左腿成左弓步；左手前穿并向上挑起，右勾手内旋，置于身后（图 6-15 至图 6-17）。

图 6-15　左下势独立（7）

图 6-16　左下势独立（8）

图 6-17 左下势独立（9）

4.独立挑掌，上体左转，重心前移，右腿屈膝提起成左独立步；左手下落按于左胯旁，右勾手变掌向体前挑起，掌心向左，高于眼平，右臂半屈成弧（图6-18至图6-20）。

图 6-18 左下势独立（10）

图 6-19　左下势独立（11）

图 6-20　左下势独立（12）

第十七式　右下势独立

1.落脚勾手（图6-21，图6-22）。

图 6-21　右下势独立（1）

图 6-22　右下势独立（2）

2.仆步穿掌（图6-23，图6-24）。

图 6-23　右下势独立（3）

图6-24　右下势独立（4）

3.弓步起身（图6-25）。

图6-25　右下势独立（5）

4.独立挑掌（图6-26，图6-27）。

图6-26　右下势独立（6）

图 6-27　右下势独立（7）

第十八式　左右穿梭

1.落脚抱球，左脚向左前方落步，脚尖外撇，上体左转；右脚抬起成右丁步，两手呈左"抱球"状（图6-28至图6-30）。

图 6-28　左右穿梭（1）

图 6-29　左右穿梭（2）

图 6-30　左右穿梭（3）

2.弓步架推，上体右转，右脚向右前方上步成右弓步；右手向前上方画弧，翻转上举，架于右额前上方，左手向后下方画弧，经肋前推至体前，高与鼻平；目视左手（图6-31至图6-34）。

图6-31　左右穿梭（4）

图6-32　左右穿梭（5）

图 6-33　左右穿梭（6）

图 6-34　左右穿梭（7）

　　3.抱球收脚，重心稍后移，右脚尖外撇，左脚收成丁步；上体右转，两手呈右"抱球"状（图 6-35 至图 6-38）。

图6-35　左右穿梭（8）

图6-36　左右穿梭（9）

图 6-37　左右穿梭（10）

图 6-38　左右穿梭（11）

4.弓步架推，同前弓步架推，唯左右相反（图6-39至图6-41）。

图 6-39 左右穿梭（12）

图 6-40 左右穿梭（13）

图 6-41 左右穿梭（14）

第七章 海底针、闪通臂、转身搬拦捶

第十九式 海底针

1.上体稍右转，右脚向前收拢半步，脚跟落地，距左脚约一脚长。两掌向下画弧，左掌掌心向下（图7-1至图7-4）。

图7-1 海底针（1）

图7-2 海底针（2）

图 7-3 海底针（3）

图 7-4 海底针（4）

2.上体右转，重心后移，右腿屈坐，左脚提起。右掌由下经体侧屈臂抽提至右耳旁，掌心向左，指尖向前；左掌向右画弧，下落至腹前，掌心向下（图7-5至图7-9）。

图 7-5 海底针（5）

95

图 7-6　海底针（6）

图 7-7　海底针（7）

图 7-8　海底针（8）

图 7-9　海底针（9）

3.上体左转，向前俯身。右掌从耳侧向前下方斜插，掌心向左，指尖斜向下；左掌经左膝前向右画弧搂过，按至大腿外侧。左脚稍前移，前脚掌着地，成左虚步（图 7-10 至图 7-12）。

图 7-10　海底针（10）

图 7-11　海底针（11）

图 7-12　海底针（12）

第二十式　闪通臂

1.上体恢复正直，左脚收至右脚脚踝内侧。右掌上提至身前，指尖朝前，掌心向左；左臂屈臂收举，左掌指尖贴近右腕内侧（图7-13，图7-14）。

图 7-13　闪通臂（1）

图 7-14　闪通臂（2）

2.上体右转，左脚向前上步，脚跟着地。两掌内旋分开，掌心皆向前（图7-15，图7-16）。

图 7-15　闪通臂（3）

图 7-16　闪通臂（4）

3.上体右转，重心前移，成左弓步。左掌推至体前，高与肩平；右掌撑于头侧右上方，掌心斜向上；两掌前后分展。目视左掌（图7-17，图7-18）。

图7-17 闪通臂（5）

图7-18 闪通臂（6）

第二十一式 转身搬拦捶

1.重心后移，右腿屈坐，左脚脚尖内扣，身体右转。两掌向右摆动，右掌摆至身体右侧，左掌摆至左侧，两掌掌心均向外（图7-19，图7-20）。

图 7-19　转身搬拦捶（1）

图 7-20　转身搬拦捶（2）

2.重心左移，左腿屈坐。右掌下拉变拳；左掌向右按掌，掌心向下，举于左额前上方（图7-21，图7-22）。

图 7-21　转身搬拦捶（3）

图 7-22　转身搬拦捶（4）

3.右脚收至左脚脚踝内侧。右手握拳向上、向左画弧收于左肋前，拳心向下；左掌下按，与肩同高（图7-23，图7-24）。

4.右脚提收至左脚脚踝内侧，再向前迈出，脚跟着地，脚尖外撇。右拳经胸前向前搬压，拳心向上，高与胸平，肘部微屈；左掌经右前臂外侧下落，按于左胯旁（图7-25，图7-26）。

图 7-23　转身搬拦捶（5）

图 7-24　转身搬拦捶（6）

图 7-25　转身搬拦捶（7）

图 7-26　转身搬拦捶（8）

5.上体右转，重心前移，右脚外转约45度踏实。右臂内旋，右拳向右画弧至体侧，拳心向下，右臂半屈；左臂外旋，左掌经左侧向体前画弧（图7-27，图7-28）。

图7-27　转身搬拦捶（9）

图7-28　转身搬拦捶（10）

6.左脚向前上步，脚跟着地。左掌拦至体前，高与肩平，掌心向右，指尖斜向上；右拳翻转收至腰间，拳心向上（图7-29，图7-30）。

图 7-29　转身搬拦捶（11）

图 7-30　转身搬拦捶（12）

7.上体左转，重心前移。左腿屈弓，左脚踏实；右腿自然蹬直，右拳自胸前打出，肘微屈，拳心转向左，拳眼向上；左掌微收，掌指附于右前臂内侧，掌心向右（图7-31，图7-32）。

图 7-31　转身搬拦捶（13）

图 7-32　转身搬拦捶（14）

第八章　如封似闭、十字手、收势

第二十二式　如封似闭

1.左手翻掌向上，同时经右前臂下侧向前穿出，右拳随即变掌，双手同时翻转向上，两手举于体前，眼看前方（图8-1，图8-2）。

图 8-1　如封似闭（1）

图 8-2　如封似闭（2）

2.重心后移，右腿屈坐，左脚尖翘起，两臂边屈臂回收，边内旋前臂翻掌，收至胸前时掌心已翻转向下，两掌分开与肩同宽，目视前方（图8-3，图8-4）。

图 8-3　如封似闭（3）

图 8-4　如封似闭（4）

3.重心前移，左腿屈弓，左脚踏实，右腿自然蹬直，成左弓步。两掌翻转，经腹前向上、向前推出，与肩同宽，腕高与肩平，掌心向前，指尖向上（图8-5）。

图 8-5　如封似闭（5）

第二十三式　十字手

1.重心右移，上体右转，左脚脚尖翘起，右掌向右画弧（图8-6）。

图8-6　十字手（1）

2.上体右转，左脚内扣。左掌分于身体左侧，右掌随身体摆至身体右侧，两掌左右平举于身体两侧，掌心向外，两肘略屈（图8-7）。

图8-7　十字手（2）

3.右脚外展，脚尖向右，两掌下按。重心右移，右脚内扣，上体左转，两掌向下、向内画弧，于腹前两腕相交，继而合抱举至胸前，左掌在内，右掌在外，掌心均斜向内（图8-8）。

图 8-8　十字手（3）

4.右脚内收，两脚与肩同宽，脚尖向前，成开立步，随即上体转正，两腿慢慢直立，两掌交错成"斜十字"形抱于体前，掌心向内，高与肩平（图 8-9）。

图 8-9　十字手（4）

第二十四式　收　势

1.两前臂内旋，两掌边翻转，边平行分开，与肩同宽（图 8-10，图 8-11）。

图 8-10　收势（1）

图 8-11　收势（2）

2.两掌慢慢下落至两腿外侧，上体自然正直（图 8-12）。

图 8-12　收势（3）

3.重心右移，左脚收至右脚旁，两脚并拢，脚尖向前，身体自然直立，目视前方（图8-13至图8-15）。

图 8-13　收势（4）

图 8-14　收势（5）

图 8-15　收势（6）

参考文献

［1］邱丕相.中国武术教程上册［M］.北京：人民体育出版社，2004.

［2］李德印.24式太极拳——教与学［M］.北京：北京体育大学出版社，2009.

［3］侯雯.二十四式太极拳［M］.2版.郑州：河南科学技术出版社，2019.

［4］蔡仲林.武术［M］.3版.北京：高等教育出版社，2015.

［5］蔡龙云.武术运动基本训练［M］.北京：人民体育出版社，2013.

［6］常怀民.中国太极拳学［M］.武汉：武汉体育大学出版社，2016.